Inhalt

Die Weisheit der Geschichte kommt nicht in fertig verpackten Lektionen zu uns, sondern in Orakeln, deren Bedeutung für unsere gegenwärtige Lage neu enträtselt werden muss.

(Christopher Clark, im Guardian, *Januar 2014)*

EVELYN ROLL

WIR SIND EUROPA!

EINE STREITSCHRIFT GEGEN DEN NATIONALISMUS

Ullstein

Der vorliegende Text basiert auf einem Essay der Autorin, der am 13. Februar 2016 in der *Süddeutschen Zeitung* unter dem Titel »Bürger für Europa« erschienen ist.

ISBN 978-3-550-08159-0
© 2016 Ullstein Buchverlage GmbH, Berlin
© 2016 Evelyn Roll
Alle Rechte vorbehalten
Umschlaggestaltung: Sabine Wimmer, Berlin
Umschlagfoto: © Picture Press / stern / Cornelius Meffert
Gesetzt aus der Adobe Garamond
Satz: LVD GmbH, Berlin
Druck und Bindearbeiten: CPI books GmbH, Leck
Printed in Germany

Das Ende

Ein Gespenst geht um in Europa – das Gespenst des Nationalismus. In fast jedem europäischen Land marschieren sie jetzt, die kleinen Trumps, wie Zwerg-Karikaturen und Möchtegern-Wiedergänger der Schlafwandler von 1914. Mit populistischen Dummheiten, nationalistischen Abschottungsphantasien, Verschwörungstheorien und Scheinlösungen sammeln sie die Stimmen der Verunsicherten und Überforderten, der Abgehängten, Entkoppelten, der Denkfaulen und Verbitterten. Sie wollen vor allem eines: an die Macht. Und dann? Autokratien einrichten, illiberale Scheindemokratien. Und weiter? Europa abschaffen.

Und wir aufgeklärten, abgeklärten oder sogar leidenschaftlich überzeugten Europäer aller Länder müssen hilflos zuschauen, wie Europa an völkischem Nationalismus zerbricht, weil wir gegen die Erosion und das Ende leider so gar nichts tun können?

Was wäre, wenn genau das gar nicht stimmt? Was wäre, wenn wir sehr wohl etwas dagegen tun könnten?

Vielleicht müssen wir erst einmal nur mutig genug sein, oder ausreichend schwindelfrei, um den Blick in den Abgrund, vor dem Europa steht, auszuhalten: Ungarn scheint schon verloren. Viktor Orbán hat im Namen einer »tausendjährigen christlichen Kultur« die Grundwerte der liberalen Demokratie als unbrauchbar weggewischt. In der sogenannten Flüchtlingskrise hat er als Erster vorgeführt, wie ein europäisches Land im Alleingang den Kontinent beschämen, Verabredungen in die Tonne treten, eine große, aber gemeinsam und solidarisch durchaus lösbare Aufgabe in ein scheinbar unlösbares Problem umwandeln und das Zeitalter der allgemeinen Menschenrechte für beendet erklären kann.

In Polen bestand eine der ersten Amtshandlungen der neuen Rechtsregierung darin, die EU-Flagge aus den Regierungsgebäuden zu entfernen. Dann haben Beata Szydłos Juristen ein Mediengesetz gebastelt, mit dem die Führungspositionen in öffentlich-rechtlichen Medien künftig von der Regierung besetzt werden. Und jetzt ist sogar das Verfassungsgericht kaltgestellt.

Auch sozialistisch inspirierte Nationalisten wie Robert Fico in der Slowakei oder Tschechiens Präsident Milos Zeman machen vor allem gegen Europa Politik. Marine Le Pen, die dem *Spiegel* in schamloser Offenheit sagte: »Ich will die EU zerstören«, hat realistische Chancen, in der ersten Runde der Präsidentschaftswahl 2017 die meisten Stimmen zu erhalten.

Wie eine ansteckende Krankheit befällt völkischer Nationalismus ein EU-Land nach dem anderen. Die Abwehrkräfte sind überraschend schwach. Europäische Regierungen, deren gebildete Vertreter eben noch mit einigem Grausen in Christopher Clarks *Die Schlafwandler* gelesen hatten, wie Europas Nationen in den Ersten Weltkrieg taumelten, haben aus der Lektüre nichts gelernt, oder das Falsche: Sie versuchen, ihre Länder gegen die Wahlerfolge der kleinen Trumps zu immunisieren, indem sie deren Sündenböcke, Behauptungen und Bangemachereien selbst übernehmen. Das ist ungefähr so intelligent wie Suizid aus Angst vor dem Tod.

In Frankreich konnte man beobachten, dass es auch wie Selbsttötung funktioniert: Die heutigen Nationalpopulisten müssen gar nicht erst an die Macht kommen, damit ihre unseriösen Lösungsvorschläge, ihre rassistischen, antiaufklärerischen und europafeindlichen Parolen als Auftrag der Gesellschaft fehlinterpretiert werden. Erst übernahm Nicolas Sarkozy mit zunächst scheinbarem Erfolg Forderungen Le Pens – und plusterte dadurch den Front National nur noch mehr auf. Und unter dem Schock der Terroranschläge von Paris probierte François Hollande es hasenherzig noch einmal genauso. Er verhängte den Ausnahmezustand und scheiterte dann mit seinem Versuch, sogar an der Verfassung herumzudoktern. Aber er holte mit dieser Methode – unter Mithilfe von überproportional aufgeregt über die seltsamen Weltsichten Marine Le Pens berichtenden Medien – den rassistischen, gegen Europa und gegen die demokratischen Grundwerte der Aufklärung gerichteten Diskurs dahin, wo er wirklich nicht hingehört: in eine sich sozialistisch nennende Partei und in die Mitte der französischen Gesellschaft. Hollande schwächte und paralysierte damit nicht nur die Sozialisten und seine eigene Regierung, sondern vor allem Frankreichs Aktionsfähigkeit und Macht innerhalb Europas, die gerade so dringend gebraucht worden wären. Nur um dann zu erkennen: Die Forderungen des Front National kann man übernehmen, aber dadurch noch lange nicht seine Wähler. Ganz im Gegenteil: Wähler entscheiden sich bei solchen Experimenten gerne für das Original, und sie werden mehr durch das feige Zurückweichen der Demokraten.

Trotzdem versucht es Werner Faymanns Große Koalition in Österreich gegen die FPÖ noch einmal genauso. In Deutschland haben sich außer dem Populisten-Nachahmer Horst Seehofer mit seiner CSU auch nationalkonservative Persönlichkeiten der CDU ohne Gegenwehr in Geiselhaft der AfD nehmen lassen. Sich um die Entkoppelten und Verunsicherten kümmern, das wäre die richtige Idee gewesen. Kümmern hätte dann aber heißen müssen, Politik für sie zu machen, zum Beispiel den obszön gewachsenen und skandalös dysfunktionalen Abstand zwischen Arm und Reich endlich wieder zu verringern. Aber nicht, die Sündenbock-Hetze gegen Geflüchtete und Andersgläubige zu übernehmen und so als enthemmender Angstverstärker zu wirken. Wie viel besser und wehrhafter stünde Europa da, wenn demokratische Politiker überall klar gesagt hätten: Ja, das ist wirklich kompliziert mit so vielen Geflüchteten. Aber eure Vorschläge verletzen unsere freiheitlich demokratischen Wertvorstellungen. Und vor allem funktionieren sie nicht: Die Dinge sind nicht schwarz oder weiß. Sie sind grau. Wer schnelle, einfache Lösungen verspricht, lügt. Und wer an sie glaubt, hat nicht zu Ende gedacht. Wir können das nur Schritt für Schritt lösen und vor allem: nur gemeinsam in Europa. So hätte man als demokratischer Politiker um Menschen und etwas Geduld werben können, anstatt die Fahnen in jedes flaue populistische Gegenlüftchen zu hängen oder gleich ganz umzufallen, mit Fahne.

Wenn Nation erst wieder als Volksgemeinschaft definiert ist, wird jeder Fremde zum identitätsstärkenden Feind. Europa kann dann gar nicht mehr als Gewinn erkannt, sondern nur noch als Souveränitätsverlust denunziert werden. Rechtspopulismus und Faschismus liegen plötzlich nah beieinander.

Schon seit der Europawahl 2014 sind nationalistische und euroskeptische Parteien die drittstärkste Kraft im europäischen Parlament, noch vor den Grünen. So etwas hat es in der Geschichte des Parlamentarismus noch nicht oft gegeben: 156 von 751 Abgeordneten wollen das Parlament, in das sie sich haben wählen lassen, in seinen Rechten beschneiden oder am liebsten ganz abschaffen. Jeder Fünfte also. Und wenn alles so weitergeht, könnten es nach der Europawahl in drei Jahren erheblich mehr sein. Wenn es 2019 überhaupt noch eine Europawahl gibt.

Ende März 2016, auf dem Höhepunkt der Flüchtlingskrise, sah es für eine Weile so aus, als sei es schon ganz vorbei mit Europa, als sei die Europäische Union im Sinne von Lissabon und Schengen gar nicht mehr vorhanden: Zäune und Stacheldraht an den innereuropäischen Grenzen. Das Menschenrecht auf Asyl fast überall aufgegeben. Achtundzwanzig Länder, die sich nicht einmal mehr auf einen Minimalkonsens einigen konnten. Keine gemeinsame Verantwortung und Lösung in Sicht. Und das Auffälligste: das Achselzucken der meisten verantwortlichen Politiker.

Schließlich sah es nur noch die deutsche Bundeskanzlerin als ihre, wie sie sagte, »verdammte Pflicht« an, dafür zu kämpfen, dass Europa nicht zerbricht. Wie es schon vorher nicht zerbrochen war, nicht an der Ablehnung des Verfassungsvertrags und nicht an der Finanzkrise. Vielleicht werden Historiker später einmal schreiben, was für ein Glück Europa hatte, dass Angela Merkel in Deutschland Kanzlerin war und dass sie sich in ihrem von Wiederwahlpanik offenbar befreienden zehnten Amtsjahr befand. Die entschiedene Unbeirrbarkeit Angela Merkels sorgte schließlich, perverserweise unterstützt von den Terroranschlägen auf Brüssel, in fast allen europäischen Hauptstädten doch noch einmal für einen Moment des Innehaltens und half zu der Erkenntnis: Hoppla. Es geht ja überhaupt nicht allein. Wir müssen tatsächlich zusammenbleiben, zusammenhalten und zusammen nachdenken. Wir müssen gemeinsame, europäische Lösungen suchen, mit der Türkei verhandeln und mit Libyen auch.

Wir müssen Daten austauschen, Polizei und Armeen koordinieren, wenn Europa seine Bürger und ihre Grundrechte schützen will, ohne ihre Freiheit oder die Menschenrechte zu zerstören.

Braccident mit Lemmingen

Jetzt aber schubst der Bürgermeister von London Europa noch etwas näher an den Abgrund, weil er nach dem Ende seiner Amtszeit unbedingt einen neuen Job braucht. So kann man die Geschichte vom Brexit auch erzählen. Erst spielt David Cameron aus rein parteistrategischem, persönlichem Machtkalkül ein bisschen mit dem national-populistischen Zeitgeist und inszeniert sein Austritts-Referendum. Dann schwächt er die Europäische Union in schwieriger Situation durch das Aushandeln von britischen Extrawürsten noch zusätzlich – mit dem Risiko, dass Europa schließlich trotzdem in den Brexit stürzt. Aus Versehen sozusagen, als Unfall, als Braccident. Eine monströse politische Dummheit, wie der konservative britische Abgeordnete Nicholas Soames es nennt und wie Cameron es wahrscheinlich inzwischen selber weiß.

Und Boris Johnson, der, wie sie alle immer schreiben, exzentrische und enorm populäre Bürgermeister von London, der schon als Schüler gesagt hat, er wolle gerne »Weltkönig« werden, macht sich in dieser Situation zum Anführer der Brexit-Befürworter, selbstverständlich auch nicht aus Überzeugung gegen Europa, sondern weil er mit dem Brexit endlich seinem alten Freund Cameron eins auswischen, die Führung der Konservativen übernehmen und Premierminister werden möchte. Der Bo-Jo, wie die Boulevards ihn nennen, will eben auch nur spielen. Wozu war er in seiner ersten Karriere als Journalist EU-Korrespondent des *Telegraph* mit dem Spezialgebiet freie Erfindung von boulevardgängigen Euro-Mythen? In England glauben heute noch viele an das, was Bo-Jo sich damals so alles ausgedacht hat, zum Beispiel, dass die EU-Beamten sogar die Größe für europäische Kondome vorschreiben wollten, selbstverständlich zu klein für Briten.

Die Unernsthaftigkeit narzisstisch auffälliger Führungsfiguren ist möglicherweise die postpolitische Variante des Schlafwandelns von 1914. Politiker, die schon allein deswegen nie wirklich über das große Ganze und die Zukunft nachdenken, weil ihnen tatsächlich alles, außer ihrem großen Ego und ihren kleinen Wahlerfolgen, vollkommen egal ist. Niemand in Großbritannien hat den Eindruck, dass Boris Johnson sich wenigstens schon einmal ausgemalt hätte, wie unspaßig es für ihn als neuen Premier wird, wenn er dann die ernsthaften und bitteren politischen Details des Brexit für Großbritannien aushandeln muss mit den übrigen europäischen Regierungschefs, die nach dem Brexit-Referendum alles andere als amüsiert sein werden.

Sie werden auch wirklich hart verhandeln müssen wegen der weit über Großbritannien hinausgreifenden, nicht kalkulierbaren Risiken, Nebenwirkungen und Kettenreaktionen nach einem Braccident: Sollten die Briten am 23. Juni dafür stimmen, die EU zu verlassen, werden sich die Schotten möglicherweise vom United Kingdom absetzen. Dann gibt es kein Großbritannien mehr. Wahrscheinlich werden auch die von den Rechtspopulisten getriebenen Regierungen in den Niederlanden oder Dänemark ihrerseits noch einmal neu über Europa nachdenken. Auch anderswo probieren die Propagandisten nationalstaatlicher Ego-Trips schon aus, wie das klingt: Tschexit zum Beispiel. Sie wollen offenbar zu gerne hinter Großbritannien her in den Abgrund springen wie die Lemminge, sehnen sich danach, abgeschottete Einzelstaaten sein zu dürfen, die zukünftig in allen entscheidenden Fragen von den Global Playern herumgeschubst werden und ihre große Zeit hinter sich haben.

Tyrannei der Minderheit

Politiktheoretisch ist es ohnehin so: Nationale Referenden in europäischen Angelegenheiten sind Dummheiten, nichts als Komödien des Populismus und der Scheinbeteiligung. Sie beseitigen nicht das Demokratiedefizit der Europäischen Union, sondern sie sind ganz im Gegenteil selbst vollkommen undemokratisch.

Volksabstimmungen in den Niederlanden und in Frankreich verhinderten schon 2005, dass die lange und klug ausgehandelte Verfassung für Europa in Kraft treten konnte, in deren Präambel stand, dass die Länder Europas entschlossen sind, »immer enger vereint ihr Schicksal gemeinsam zu gestalten«.

Die Griechen wurden gefragt, ob sie den Kompromiss unterstützen, den ihre Regierung mit ihren europäischen Gläubigern ausgehandelt hatte. Die Niederländer haben sich in einem Referendum gegen das Assoziierungsabkommen zwischen der EU und der Ukraine entschieden.

In den meisten dieser Fälle antworten die Menschen gar nicht auf eine sachliche Frage, sondern verteilen Denkzettel und Ohrfeigen, entweder an ihre Regierung oder an die EU. Und immer stimmt nur ein Teil der europäischen

Wählerschaft über etwas ab, das Europa als Ganzes betrifft. »Die« Niederländer, die sich im April 2016 gegen die Ratifizierung des EU-Ukraine-Abkommens entschieden, waren wegen der sehr niedrigen Wahlbeteiligung in Wahrheit nur 2,6 Millionen Menschen. Zweieinhalb Millionen bestimmen also über etwas, das 500 Millionen betrifft. Das ist nicht demokratisch. Das ist unfair und eine Tyrannei der Minderheit.

Es kommt noch schlimmer. Vertragstheoretisch ist es in Ordnung, dass Viktor Orbán gegen eine rechtsverbindliche Entscheidung über die Aufteilung von Flüchtlingen beim Europäischen Gerichtshof klagt. Die Möglichkeit einer solchen Klage ist Teil des europäischen Rechtssystems. Nicht mehr in Ordnung, sondern Europa kaltblütig zersetzend ist, was er demnächst vorhat: in einem Referendum darüber abstimmen zu lassen, ob die ungarischen Bürger die ausgehandelten, verpflichtenden EU-Quoten zur Verteilung von geflüchteten Menschen akzeptieren, um damit dann eine verbindliche EU-Entscheidung für das eigene Land als nicht bindend deklarieren zu können. Durch eine nationale Volksbefragung ein Instrument der Gegenlegitimität zum europäischen Recht zu schaffen, müsste eigentlich das Ende von Ungarn in Europa zur Folge haben.

Vielleicht ist es aber auch der Anfang vom Ende der Europäischen Union. Es wird, wenn die Briten sich gegen Europa entscheiden und die Ungarn im Herbst gegen die Aufnahmequote, möglicherweise nicht den einen großen Knall geben, mit dem die Europäische Union auseinanderfliegt. Aber sie löst sich mehr und mehr auf in zu wenig Solidarität, Ernsthaftigkeit und Enthusiasmus und in zu viel Regelverletzung, nationalen Egoismus, Skepsis und Angsthäsigkeit seiner Politiker.

Es gibt Geostrategen in Russland, China, auch in Amerika, die das ohne jedes Mitgefühl beobachten. Nun gut, dann fällt die Europäische Union also auseinander, fein, ein Global Player und Konkurrent weniger.

Noch einmal: Müssen wir aufgeklärten, abgeklärten oder sogar leidenschaftlich überzeugten Europäer aller Länder wirklich hilflos zuschauen, wie Europa an völkischem Nationalismus zerbricht, weil wir gegen die Erosion und das Ende leider so gar nichts tun können?

Das ist falsch. Das ist ganz falsch.

Ein neues Weltbild

Jeder von uns kann zum Beispiel gleich am nächsten Wochenende mit den intelligenteren seiner Einfache-Lösung-Freunde zum örtlichen Chinesen gehen und sich an den Tisch setzen, der unter der pazifikzentrierten Landkarte platziert ist. Man kann solche Karten natürlich auch im Internet betrachten oder den Globus mit dem Pazifik-Bauch nach vorne drehen.

So also sehen alle anderen die Welt: Amerika, Lateinamerika, China, Russland, Indien, Afrika – fette Landmassen, beeindruckende Wirtschaftsräume. Ernüchternd marginal und klein dagegen an den äußeren linken Rand gedrängt auf dieser zerklüfteten Halbinsel am Westrand der eurasischen Platte: Europa, die Länder der Europäischen Union. Suchen wir unser Land: Italien, Polen, Kroatien, wo sind sie? Sogar Frankreich und Deutschland sind nicht gleich zu finden, Luxemburg oder Slowenien nur Stecknadelköpfchen.

Unter diesem Weltbild sprechen wir über: Klimawandel, Epidemien, Ebola-Viren als Waffe, Geldströme, Finanzkrisen, Informationsgeschwindigkeit, globale Wirtschaftsunternehmen, über Konzerne wie Google, über Islamfaschisten, internationalen Terrorismus, über Armut, Hunger, Gerechtigkeit und über die fast 60 Millionen Menschen, die weltweit auf der Flucht sind.

Noch bevor das Essen kommt, ist klar: Ein Stecknadelköpfchen allein wird keine dieser Aufgaben lösen können. Es gibt keine wirksame Politik isolierter Nationalstaaten mehr. Einmauern ist keine Alternative. Der Verzicht auf Weltpolitik schützt nicht vor ihren Folgen.

Wie bestechend plausibel dagegen ist und bleibt die Idee, sich zusammenzutun und zusammenzuhalten. Dann bin ich schon mal nicht mehr eine von achtzig Millionen hier auf diesem winzigen Fleckchen, sondern eine von 500 Millionen in der erkennbaren Europäischen Union. Wir brauchen, wenn wir in der globalisierten Welt gut und sicher weiterleben wollen, nicht nur den Euro und die europäische Konföderation zum freien Handeln und Wirtschaften. Eigentlich geht es auch jetzt schon nicht mehr ohne eine gemeinsame Außen- und Sicherheitspolitik, eine europäische Armee, eine funktionierende Europolizei. Und überhaupt nicht geht es ohne Solidarität und etwas, was man europäische soziale Marktwirtschaft nennen könnte, ohne rot zu werden.

Wer angesichts von Klimawandel, Epidemien, Finanzkrisen, Terroranschlägen oder der sogenannten Flüchtlingskrise in einem europäischen Land sagt: »Wir schaffen das«, kann mit »wir« eigentlich nur Europa meinen, genau genommen sogar die Weltgesellschaft. Und, ja, besser wäre es gewesen, wenn Angela Merkel das gleich dazugesagt hätte.

Der Denkfehler

Wenn das Weltbild und damit das Selbstbild korrigiert oder befestigt ist, müssen wir – vielleicht beim Gehen nach dem Essen – nur noch einen Denkfehler beseitigen, bevor sich die Energie unserer Sorge um Europa in intelligente Aktion umwandeln kann.

Dieser Denkfehler ist, genau besehen, ein Aberglaube, die quasi-religiöse Vorstellung, dass Geschichte sich linear fortentwickelt zum immer Besseren und zu einem idealen Endzustand. Das war eigentlich nur eine schöne Utopie, ein geschichtsphilosophisches Konzept des 18. Jahrhunderts, das mit dem Verbleichen der christlichen Glaubensgewissheiten zu einer Art säkularisierter Jenseitsvorstellung aufstieg und zur Zivilreligion der Aufklärung wurde. Hegel hat diesen Heilsmythos vom Fortschreiten der Geschichte zur Meistererzählung der Moderne gemacht. Karl Marx hat sie mit dem Historischen Materialismus in den Rang einer Wissenschaft erhoben. Jetzt sollte dieser Weg der Geschichte zum immer Besseren auch noch mit unverrückbaren Gesetzmäßigkeiten ausgestattet sein, die der ganzen Welt schließlich Kommunismus und ewigen Frieden bringen würden. Der Durchschnittsmensch in der letzten Phase des Kommunismus werde schließlich wie Goethe sein oder mindestens wie Aristoteles, und neue Gipfelmenschen würden vollautomatisch zu nie zuvor gesehener Schönheit, Intelligenz, Stärke, Bildung, Musikalität und Erkenntnisfähigkeit heranwachsen.

Es gibt dieses Zum-Besseren-Fortschreiten der Geschichte aber nicht, jedenfalls nicht gesetzmäßig oder vollautomatisch. Als Karl Popper den Historischen Materialismus als Pseudowissenschaft und quasi-religiöse

Geschichtsphilosophie enttarnte, war der Aberglaube schon tief in die kulturelle DNA Europas eingeschrieben, weswegen Lehrer, Leitartikler und sogar Historiker auch heute noch Sätze benutzen wie: »Schon die alten Römer wussten«, oder »Das ist ja wie zurück ins Mittelalter«. Wir haben das – wider bessere Erkenntnisse – in der Wolle wie kindliche Dressate: Ein Junge weint nicht! Kartoffeln nicht mit dem Messer schneiden! Immer schön die rechte Hand geben! Geschichte schreitet fort zum Besseren!

Man wird so etwas nicht leicht wieder los. Aber man muss es versuchen. Jetzt gerade und jetzt erst recht. Weil dieses eine große Missverständnis Denkfehler-Kinder gebiert: Das gegenwärtig übertrieben große Erschrecken, die Erschütterung und Sorge über den Zustand der Welt einerseits, das Wir-waren-doch-schon-viel-weiter. Und andererseits die abgestumpfte Ratlosigkeit und lähmende Katastrophenmüdigkeit, dieser allgemeine Eskapismus angesichts der audiovisuellen Dauergegenwart von Apokalypse und Weltunordnung. Diese Mischung aus Was-geht-das-mich-an und Man-kann-eh-nichts-tun, die nur die passiv-aggressive Spiegelung der alten Uns-jedenfalls-geht-es-doch-super-Gleichgültigkeit ist und des mangelnden Kampfgeists in all den scheinbar sicheren und gesetzmäßig auf immer bessere Zeiten zusteuernden Jahren davor.

Der Denkfehler frisst seine Kinder

Offensichtlich konnten ausgerechnet diejenigen, die am meisten gejubelt haben, als die Welt vom Kommunismus befreit war, sich am wenigsten aus den Denkmustern des

Historischen Materialismus befreien. Schäfchengläubig hat die liberale westliche Welt am Heilsversprechen vom Fortschreiten der Geschichte festgehalten und nur das Ziel ausgetauscht. An die Entwicklungsstufe, die für die hohe Phase des Kommunismus vorgesehen war, rückten jetzt der Kapitalismus und die Phantasie von einer globalen, liberalen Demokratie westlichen Stils, die sich nun zwangsläufig – durch die Aufhebung aller politischen Gegensätze – im Rest der Welt durchsetzen würde zum baldigen Ende der Geschichte (Francis Fukuyama).

Das allgemeine Glaubensbekenntnis ging so: Die liberale Demokratie hat 1990 gesiegt und ist damit unsere Musterzivilisation. Die EU wird mit dem neoliberalen Heilsplan Demokratie und soziale Marktwirtschaft nach Osten wandern und sich stetig erweitern. Der wirtschaftliche Aufschwung wird überall auf der Welt eine Mittelschicht hervorbringen, die gar nicht anders kann, als nach Wahlen und parlamentarischem System zu rufen, weswegen man gemütlich zurückgelehnt zuschauen und abwarten darf, bis die »befreiten« Länder von alleine Demokratien werden. Die ganze Welt werde, wenn nur die große demokratische Supermacht Amerika hier und da ein wenig nachhilft, schnell erkennen, dass die liberale Demokratie als die einzig mögliche und richtige, nahezu natürliche und also alternativlose Regierungsform anzusehen ist, mit der die gesamte Menschheit ihren utopischen Idealzustand erreicht, im Namen des Kapitalismus. Amen.

Dann kam raus· Das war alles falsch. Es geht überall auf der Welt auch ohne liberale Demokratie und Menschenrechte. Russlands Marktwirtschaft kommt als Autokratie klar. Chinas Kapitalismus funktioniert als Kommunismus. Die Zahl demokratisch regierter Länder ist seit

1989 kleiner geworden. Der arabische Frühling war nur ein schwacher und schnell niederkartätschter Nachhall der europäischen Aufklärung. Die Diktatur der Finanzmärkte beherrscht alles. Und gerade dort, wo die große demokratische Supermacht Amerika mit ihrer immer auch rohstoffgetriebenen Idee vom missionarischen Humanismus dem »Regime Change« ein bisschen nachhelfen wollte, sind nicht nur keine aufgeklärten, liberalen Demokratien entstanden, sondern Chaos, Diktatur, Nichtstaatlichkeit und Terrorismus.

Noch einmal: Der Glaube an den vollautomatischen Fortschritt der Geschichte ist ein Aberglaube. Das Einzige, was fortschreitet, ist Zeit. Demokratie, Menschenrechte, Aufklärung und Rechtsstaatlichkeit sind nicht nur sehr schwer zu exportieren, sie müssen auch entschlossen verteidigt und gepflegt werden.

Vielleicht funktioniert Geschichte ja wie Wetter, das immer nur so tut, als wäre es berechenbar, oder, was sehr viel hoffnungsvoller wäre, so, wie Camus die Sisyphos-Erzählung interpretiert hat. Dann wäre Geschichte kein gesetzmäßiges Annähern an einen Idealzustand, sondern eine immerwährende Aufgabe: Wer von den Idealen der europäischen Aufklärung, von Menschenrechten, Partizipation, Freiheit, Gleichheit, Brüderlichkeit, überzeugt ist, muss sie stets aufs Neue und immer weiter nach oben schieben, mit Mühe, Überzeugungskraft und Anstrengung. Nach unten saust dann alles trotzdem von selbst und so schnell, dass niemand sich mehr dagegenstemmen kann. Jedenfalls nicht, wenn er alleine ist. Kant hat seine Skepsis gegenüber der Annahme eines umfassenden Fortschritts mit einem moralisch inspirierten, aufgeklärten, kritischen Fortschrittsdenken verbunden, einem von Menschen erdachten und verteidigten Rechtsfortschritt, dessen Gipfel eine internationale Rechts- und Friedensordnung sein könnte. Der Weltbürger Kant ist überhaupt in diesen Zeiten ein sehr guter Gesprächspartner und Kampfgefährte.

Wenn man den Kinderglauben an die sich zum immer Besseren fortentwickelnde Geschichte ablegt, entsteht daraus gerade nicht Nihilismus und Wurschtigkeit, sondern subjektive Freiheit und die Verpflichtung, selber etwas zu tun. Was immer gewonnen wurde, Demokratie, Rechtsstaatlichkeit, Achtung der Menschenrechte, Aufklärung, kann in Hochgeschwindigkeit wieder verlorengehen. Sogar Deutsche vergessen das gelegentlich: Jederzeit kann das Schlimmste in einer zivilisierten, gebildeten, Dichtung und Musik verehrenden Gesellschaft passieren.

Empört euch! reicht deswegen fast nie. Besser ist: Tut was!

Aber was genau? Und wie?

Von Bürgern und Idioten

In Deutschland haben diejenigen, die nicht mit den Weltverfinsterern und Nationalpopulisten von AfD oder CSU den Apokalypso tanzen wollten, dank der vielen Geflüchteten in den vergangenen Monaten eine interessante und alles entscheidende Wiederentdeckung gemacht: sich selbst. Den Bürger, der sich kümmern und einspringen muss, wenn sein Staat nicht richtig in die Puschen kommt. Das war und ist viel politischer, als es zunächst den Anschein hatte. Wer sich für Vertriebene und Schutzsuchende engagiert, lernt etwas über kollektive Strukturen. Er lernt etwas über die Macht der vielen, und nebenbei natürlich auch, wie man sich im Netz organisieren und verabreden kann.

Die Ideologie der neoliberalen Jahrzehnte, nach der wirklich alle Lebensbereiche der Ökonomie unterzuordnen seien, die Diktatur der Finanzmärkte, die uns die Bankenkrise als eine von Steuergeldern zu rettende Staatsschuldenkrise verkaufte, hatte Idioten erzeugt, Egoisten, die über Gemeinwohl gar nicht mehr nachdenken, die Politik nur als Einmischung von »denen da oben« in ihr schönes, kleines, privates Leben verstehen. Altgriechisch *idiotes* heißt ja nichts anderes als »Privatmann«, jemand, der sich nur um seine eigenen Angelegenheiten kümmert, weil er nun mal kein Amtsträger oder Politiker ist. Jetzt aber, mit dem großen Engagement für Geflüchtete, war plötzlich der politische Bürger wieder da, wie neu entdeckt. Bürger sein ist eine Aufgabe, die Sinn und sogar Spaß macht, nicht nur für Kant-Liebhaber: »Aufklärung ist der Ausgang des Menschen aus seiner selbstverschuldeten Unmündigkeit.«

Und so geschah ohne langes programmatisches Planen und ohne dass es gleich von allen bemerkt und beschrieben wurde, in diesem großen Augenblick in der Praxis genau das, was Jürgen Habermas ein Jahr zuvor im Gespräch mit der *Frankfurter Allgemeinen Zeitung* theoretisch gefordert hatte: »Der Rechtspopulismus erzwingt die Umstellung vom bisherigen Elitemodus auf die Beteiligung der Bürger.«

Bürger können das. Es ist sogar ihr ureigentlicher Job, ihre Aufgabe. Anders war Demokratie nie gedacht. Demokratie funktioniert nicht, wenn aufgeklärte Demokraten erschrocken schweigen, während die Bequemlichkeitsnichtwisser zusammen mit den aufrichtig Verunsicherten und den Fundamentalisten schon auf der Straße sind, nach schnellen Lösungen brüllen und den Nationalpopulisten nachlaufen.

Ja, es stimmt, alles ist etwas erstarrt und fern in Brüssel. Gemeinwesen und Bürokratien tun so was, wenn man sie sich selbst überlässt. Stimmt auch: Es gibt diese um sich selbst rotierende Bürokratie. Es gibt die bekannten Gründungsfehler der Europäischen Union und das hundertfach beschriebene Demokratiedefizit, dazu eine wirklich schlechte und verzagte Europa-PR. Und trotzdem: Die Europäische Union ist, wie ein kurzer Blick auf die pazifikzentrierte Karte immer wieder klarmacht, unsere einzige Zukunfts-Chance. Und sie ist, genau besehen, ja bisher auch ein Riesenerfolg, nach zwei entsetzlichen Weltkriegen. Von alleine geht das aber nicht weiter. Man muss etwas dafür tun, am besten jetzt, solange die entschiedenen Pro-Europäer noch in der Mehrheit sind.

Der nächste, wichtige Schritt des aufgeklärten, um Europa besorgten Bürgers könnte deswegen sein, sich zu vergewissern, dass er nicht alleine ist. Er ist nicht alleine. Ganz im Gegenteil. In jedem EU-Land leben viele überzeugte Europäer, auch in Viktor Orbáns Ungarn, auch in Bayern: Menschen, die unbedingt dafür sind, dass ihre Regierungen sich nicht an kurzfristigen nationalen Interessen oder sogar an reinen, nur parteipolitisch oder persönlich bedeutsamen Umfragewerten und Rachegelüsten orientieren, sondern am Gemeinschaftsinteresse Europas, an der Zukunft und an den globalen Notwendigkeiten. Polnische Freunde mailten gleich nach der Wahl unter der Europafahne »Sorry, Europe, Szydło happens«. Sie artikulieren sich noch nicht überall so deutlich wie die völkischen Angstbürger. Aber man darf Lautstärke und Medienresonanz nicht mit Stärke verwechseln.

Die Umfragen sagen, dass in Italien die Zahl derer, die

auf Europa setzen, am höchsten (76 Prozent) und in Großbritannien am niedrigsten ist (20 Prozent). Aber sie sagen vor allem: Insgesamt 42 Prozent der Menschen in der Europäischen Union sind für Europa. Sie sind sogar dafür, Europa zu einem Bundesstaat auszubauen. Und nach der neuesten EU-weiten repräsentativen Umfrage der Bertelsmann-Stiftung würden insgesamt 71 Prozent der Europäer in einem gemeinsamen Referendum dafür stimmen, dass ihr Land weiter EU-Mitglied bleibt.

So sieht das aus. Mit 42 Prozent gewinnt man Wahlen, 71 Prozent, das ist weit über der absoluten Mehrheit, das sind 355 Millionen Menschen. Eine gewaltige, schweigende Mehrheit, die mit dem Schweigen jetzt mal langsam aufhören und anfangen sollte, sich zu verbinden und zu vernetzen zu einer starken proeuropäischen Bürgerbewegung.

Und: Action!

In den Jahren 1913 und 1932 gab es kein Internet, kein Facebook und kein Twitter, mit dem die Europäer sich untereinander über die Nationalgrenzen hinweg hätten vernetzen, schützen und ihre schlafwandelnden Staatsoberhäupter wachrütteln können. Das ist heute anders. Jeder kann sehr viel mehr machen, als jeden Abend bei den Tagesthemen meckern und schlechte Laune haben. Es sind mit dem Internet geniale Werkzeuge vorhanden, die das stille, unsichtbare und individuelle Unbehagen der Mehrheit in hörbare Empörung und erkennbare Aktion verwandeln werden. Proeuropäische Bürger und Initiativen können zusammen eine Lautstärke und Medienresonanz erzeugen, die den wahren Mehrheitsverhältnissen entspricht. Sie müssen sich nur miteinander vernetzen. Dafür ist das Netz ja da. Menschen, die Europa lieben, müssen lernen, es so effektiv zu benutzen wie Menschen, die Europa hassen. Warum sollten wir aufgeklärten Europäer des 21. Jahrhunderts nicht so virtuos die Mittel der Kommunikationstechnik und des Crowdfunding bedienen können wie die völkischen Nationalpopulisten, die Daesh-Terroristen oder Putins Propaganda-Trolle? Es ist viel leichter, als man denkt. Es macht Spaß, und man lernt dabei genau die richtigen Leute kennen – überall in Europa.

Mag sein, dass ein wichtiger Teil der bisher schweigenden Mehrheit aus oft sehr guten Gründen gerade nicht bei Twitter und Facebook ist. Aber ins Netz schaffen es alle, als Anfang und zum Ausprobieren vielleicht jetzt sofort, noch vor dem Weiterlesen: Einfach www.spinelligroup.eu eingeben, ein bisschen stöbern, was die tun und wollen, und gleich weiter zu »sign the manifesto«. Die Spinelli-Gruppe ist nach Altiero Spinelli benannt, dem großen Vordenker europäischer Integration. Sie wurde 2010 von Mitgliedern des Europäischen Parlaments gegründet, die dort über Fraktionsgrenzen hinweg Mehrheiten für föderalistische Vorschläge organisieren, aber vor allem auch jenseits des Parlaments ein proeuropäisches Netzwerk aufbauen. Bis April 2016 haben erstaunlicherweise nur 6500 Menschen das Manifest unterschrieben. Lasst es Millionen werden. Nur mal so als Anfang. Das ginge natürlich auch oder außerdem anderswo, bei www.wemove.eu/de zum Beispiel, den Aufbau der Seite hat die Bürgerbewegung Campact unterstützt.

Jeder kann Leserbriefe an die örtlichen Zeitungen schreiben oder seinem Abgeordneten eine Mail schicken: »Ich wähle Sie nicht wieder, wenn Sie nicht bald erkennbar etwas für Europa tun.« Jeder kann in der Schule, im Job, am Stammtisch eine Debatte organisieren.

Was zu viele gar nicht wissen: Die Politiker in Europa, die auf der richtigen Seite sind und schon sehr lange für Europa kämpfen, scheinen sich geradezu nach Druck aus der Bevölkerung zu sehnen. In allen Gesprächen mit Europapolitikern oder europäischen Beamten hört man als Journalistin, sobald die Fragen beantwortet und die Krisen Europas noch einmal durchdiskutiert sind, immer wieder Sätze wie: Die Akteure der Zivilgesellschaft müssen jetzt aber auch mal was tun.

Zivilgesellschaft ist ein komisches Soziologenwort. Aber wenn Politiker Sehnsucht nach Druck aus der europäischen Bürgergesellschaft haben: Den können wir ihnen geben. Jeder kann sich sofort einer proeuropäischen Gruppe anschließen oder Geld spenden: Es gibt unter anderem das *European Movement International (Internationale Europäische Bewegung, EMI)* oder die *Union Europäischer Föderalisten (UEF)*, die die Spinelli-Gruppe unterstützt, und deren *Young European Federalists (JEF)*, die auch die Aktion »Don't touch my Schengen« gestartet haben.

Ein Nachmittag im Netz reicht, um die richtigen Verbindungen in jedem europäischen Land zu finden: lokale Initiativen zum Mitmachen und einzelne Aktionen, die man durch Unterschrift stark machen kann. Erstaunlicherweise sind überall vor allem die sehr Jungen und die Alten für Europa aktiv und keine *idiotes*. Vielleicht hat der Neoliberalismus vor allem die jetzt in der Mitte ihres Lebens Stehenden ins egoistische Private geschoben. Die vor ihnen und nach ihnen sind davon gar nicht berührt worden oder unbeschädigt geblieben.

Deswegen noch ein Beispiel: Die jungen Europaaktivisten Vincent-Immanuel Herr und Martin Speer (www.herrundspeer.de) sind mit Interrail durch 14 europäische Länder gereist und haben danach die Gruppe *The Young European Collective* gegründet (www.whoifnotus.eu). Die haben ein wirklich bezauberndes Buch für junge Europäer geschrieben, zum Lesen, Mitreißenlassen und Weiterreichen. Herr&Speer finden gerade auch erstaunlich potente Mitstreiter für ihre Idee, jedem jungen Menschen in Europa zum 18. Geburtstag einen Interrail-Pass zu schenken. Jetzt starten die Jungs ihre eigene NGO, das Institute of Europe (www.instituteofeurope.eu).

Aber weiter: Donald Trump hat 6,9 Millionen Follower auf Twitter? Mag sein. Der meistgeteilte Facebook-Post aller Zeiten war trotzdem ein offener Brief des New Yorker Fotojournalisten Brandon Stanton an den »gefährlichen Rassisten Donald Trump«. Und außerdem: Wie viele Follower könnten 355 Millionen Menschen generieren?

Die sozialen Medien sind eine perfekte PR-Maschine für proeuropäische Aufklärung und Vernetzung. Mit wenig viraler Technik könnte aus dem, was schon da ist, eine schnelle, kraftvolle Pro-Europa-Bewegung werden. Gemeinsam, mit gewaltigem Stimmpotenzial und großer Resonanz könnte man die Abgeordneten im Parlament, die Kommission und die eigene nationale Regierung unter Druck setzen. Etwa so: Fast alles, was wir von euch wollen, steht schon im Reformbericht der fünf Präsidenten, der EU-Präsidenten von Europäischer Kommission, Europäischem Rat, der Euro-Gruppe, der Europäischen Zentralbank und dem Europäischen Parlament. Macht das jetzt endlich! Bitte! Nicht mutlos und verzagt, lahm und defensiv, sondern offensiv fordernd: Völkischer Nationalismus ist das Gegenteil einer guten Idee. Die EU ist nicht das Problem, sondern die Lösung.

Rütli 2.0

Und wer hat es vorgemacht? Die Schweizer. Der 28. Februar 2016 war ein schlimmer Tag für die Rechtspopulisten der Schweizerischen Volkspartei und ein großer Tag für die selbstbewussten Bürger der Schweiz, für die schweigende Mehrheit, die nicht länger schweigen wollte. Mit dem Referendum zur Einführung der Zweiklassenjustiz für Inländer und Ausländer wollte die SVP testen, wie weit sie gehen kann, wie viel illiberale, rechtsstaatsfeindliche Politik man in der Schweiz aus Angst schon spinnen kann. Alle Profis und Beobachter waren davon ausgegangen, dass die SVP ihr Referendum gewinnen würde. Sie hatten die Wahlen gewonnen, die anderen Parteien waren erschöpft, enttäuscht und verkämpft. Die Wirtschaftsverbände, die sonst viel Geld in die Hand nehmen, um Volksabstimmungen in der Schweiz zu beeinflussen, investierten gar nichts. Die Umfragen sagten: 66 Prozent sind für »Ja«.

Dann tauchte dieser für die SVP überraschende Gegner auf: das Volk, der Mut-Bürger sozusagen. Juristen, Professoren, Studenten, Künstler, junge Liberale, Einzelakteure aus der schweigenden Mehrheit, die das Netz mit kreativen Inhalten fütterten und offenlegten, um was es in Wirklichkeit ging, um die Auseinandersetzung zwischen denen, die die offene Bürgergesellschaft unterdrücken, und denen, die sie sein möchten. Sie setzten dabei nicht wie die völkischen Nationalpopulisten auf Emotionen, Sündenbocksuggestionen und Unterkomplexität, sondern ganz im Gegenteil auf Argumente, auf die Werte der Aufklärung: Rechtsstaat, Gewaltenteilung, Menschenrechte und die Frage: In welchem System wollen wir leben?

Die SVP, die vorher immer aufgesagt hatte, sie müsse das Volk gegen die Elite verteidigen, erlebte ironischerweise einen Volksaufstand der Einzelnen, einen Triumph der Vernunft. Eine ganze Generation war plötzlich politisiert: Wir sind die eigentlichen Patrioten. Das war hinreißend und vorbildlich. Und es war gar nicht schwer. Man muss es nur … machen!

Und dann?

Es gibt eine geniale, scheinbar kindliche Frage, die nicht nur Rechthaber und Populisten entlarvt, sondern auch etablierte Politiker und Groß-Philosophen, wenn sie völkisch Rechtsradikales intellektuell zu legitimieren versuchen. Sie heißt: Und dann?

Merkel muss also weg? – Gut. Und dann?

Großbritannien muss raus aus der EU? – Und dann?

Eine Obergrenze für Flüchtlinge muss her? – Und dann? Was geschieht mit dem Grundrecht auf Asyl?

Ein Zaun gegen Geflüchtete muss gebaut werden! Und dann? Was passiert an deinem Zaun? – Ah, okay. Und wenn dann eine aus Aleppo Vertriebene mit ihren vier Kindern versucht, über deinen Zaun zu klettern?

Mit dieser niedlichen Frage kann man alle angeblich so einfachen Lösungen zu Ende denken und vor allem: Anbieter von einfachen Lösungen zum Selber-zu-Ende-Denken zwingen. Überall im Netz, wie übrigens auch ganz dringend im Real Life, in der Schule, an der Uni, am Arbeitsplatz, am Stammtisch und im Taxi lohnt sich diese Frage. Die Denkfiguren aus dem Baukasten der Angstmacher, Ausgrenzer, Verschwörungstheoretiker und Zersetzungspropagandisten müssen überall dekonstruiert werden.

Schon aus Gründen der Selbstachtung und zur geistigen Hygiene ist es für einen aufgeklärten Europäer unbedingt und immer notwendig zu widersprechen, wenn ein Gegenüber Rassistisches, Nationalistisches, Fremdenfeindliches, Homophobes, Antiaufklärerisches, Frauenverachtendes oder auch nur Nichtzuendegedachtes nachbetet oder auf andere Art und Weise die allgemeine Intelligenz grob beleidigt. Das ist oft mühsam, funktioniert aber, wenn man ein wenig übt, mit einfachen Satzbausteinen, jedenfalls schon mal bei den wiederkehrenden Abwertungs- und Ausgrenzungsversuchen wie »Lügenpresse«, »Homolobby«, »Gutmensch«, »Internationales Weltjudentum« und »Political Correctness«, die man wirklich mit leichtem Florett als Denunziationsversuche entlarven und zum Scheitern bringen kann.

Andererseits sollte man alles sich selbst entlarvend dumme Zeug nicht durch Dagegenargumentieren aufwerten. Öfter mal gar nicht kommentieren, Schulter zucken! Was soll's? Das geht im Netz mit einem Shruggie, sieht so aus: ¯_(ツ)_/¯. Das kann man sich in diesen Zeiten ruhig mal als Kurzbefehl auf eine Taste legen.

Aufrufe zu Gewalt allerdings und andere Straftaten, auch wenn das vom örtlichen Abgeordneten oder dem Professor kommt, muss man immer anzeigen, ob im Netz oder im wahren Leben. Die Zeiten sind wirklich ernst.

Und was machen wir mit dem Brexit?

Niemand lässt sich gerne von anderen belehren, schon gar nicht die Briten. Andererseits haben die Sinn für Humor und Ironie. Eine pazifikzentrierte Weltkarte wird man den britischen Freunden also mal twittern können, oder den Link zu Richard Corbetts Anleitungen »Ten ways you can help keep Britain in Europe« (www.richardcor-bett.org.uk). Winston Churchills Europareden sind auch nicht schlecht. Es gibt präzise Berechnungen dazu, welche der ohnehin schon abgehängten Regionen in Großbritannien wirtschaftlich am meisten unter dem Austritt leiden würden.

Vielleicht geht auch ein Liebevolles: »Bleibt bitte bei uns. Wir brauchen euch. Ihr braucht uns.« Oder: »Putin und Marine Le Pen möchten unbedingt, dass GB die Europäische Union verlässt. Stimmt für Europa!« – »Schottland würde das United Kingdom verlassen. Stimmt für Europa!«. Bei #hugabrit (www.pleasedontgouk.com) kann man auch ganz einfach Briten umarmen.

Die Anderen

Wenn es um Komplizierteres als Ja oder Nein zu Europa geht, funktioniert europaweite Verständigung – darauf hat Jürgen Habermas hingewiesen – natürlich nur, wenn die bisher voneinander völlig losgelösten 28 nationalen Europa-Diskurse mit ihren jeweils eigenen Deutungsmodellen anfangen, sich aufeinander zu beziehen und voneinander zu lernen. Italiener denken und diskutieren über Europa vollkommen anders als Briten, Griechen anders als Deutsche; und sie kennen die jeweils andere Debatte fast gar nicht.

Wer die Grundmotive für den ursprünglichen EU-Beitritt eines Landes versteht, begreift auch, warum das so ist. Das ganz starke Versöhnen, dieses hochemotionale Nie-wieder-Krieg-Versprechen auf den Gräberfeldern des Zweiten Weltkriegs gab es vor allem zwischen Frankreich und Deutschland und den vier anderen Gründungsmitgliedern. Großbritannien, Dänemark und Irland haben sich später eher aus reinen Opportunitätserwägungen angeschlossen, ohne jede Emotionalität, einfach, weil sie mit Europa leichter Einfluss nehmen konnten als ohne.

Andererseits war für Irland der gemeinsame Beitritt die Grundlage für die Aussöhnung mit Großbritannien. Deswegen ist der Brexit auch für Irland eine so schreckliche Vorstellung. Aber sie hat nichts mit dem Gemetzel des Zweiten Weltkriegs zu tun.

Spanien, Portugal und Griechenland holten sich mit ihrem EU-Beitritt so etwas wie das Gütesiegel für die Rückkehr oder die Ausgestaltung einer richtigen, liberalen Demokratie. Das wiederum spielte und spielt nach wie vor eine große emotionale Rolle. Weil der Beitritt zugleich der Beginn einer längeren wirtschaftlichen Aufstiegsphase war, wurde das Wohlstandsversprechen in Spanien, Portugal und Griechenland zum Hauptmotiv und also auch zu dem, was am meisten zu enttäuschen ist. In diesen Ländern wird wirtschaftlicher Abschwung immer an Europa festgemacht, egal, wie viel eigene nationale Verantwortung, Korruption und politisches Versagen eine Rolle spielen: Europa funktioniert nicht, wenn wir in dieser neuen Welt wirtschaftliche Rückschläge erleiden.

Die Finnen und die Schweden haben keine wirkliche Bindung zum Projekt. Es bringt Vorteile, dabei zu sein. Die Schweden sagen, wenn die Briten gehen, gehen wir vielleicht auch. Finnland und Lettland haben wegen der Grenze zu Russland allerdings schon das Gefühl, dass nur die Europäische Union, am besten mit einer eigenen europäischen Armee, sie wirklich sichern kann.

Für die Osteuropäer bedeutete der Beitritt zur EU die Beglaubigung vom Ende des Kommunismus, von Transformation und vom Anschluss an den Westen. Das ist emotional sehr ähnlich wie bei den Südeuropäern. Der Transformationsprozess hat diesen Ländern enorm viel abverlangt. Man kann den im Osten plötzlich so erschreckend starken nationalen Fanatismus damit erklären, wahrscheinlich aber vor allem damit, dass alles so schnell ging.

Der Moment von national und frei und unabhängig sein nach der Sowjetherrschaft war noch gar nicht ausgekostet und verdaut, als die Souveränität schon wieder geteilt wurde, jetzt mit Europa. Psychologisch ist das so kompliziert wie zu schnell, aber reich Neuheiraten nach einer schweren Scheidung: Eine Abhängigkeit, aus der ich mich gelöst habe, nur um mich in eine neue Abhängigkeit zu begeben in einem System, dessen Grad an Integration und Souveränitätsteilung ich mir vorher gar nicht vorstellen konnte, weil ich vor allem auf das Wohlstandsversprechen gehört habe.

Kommt dazu, dass die Kommunisten die Ideale der Aufklärung so gründlich diskreditiert hatten. Mit der Elitensprache der kommunistischen Propaganda von internationaler Solidarität und Menschenrechten sind die Menschen in den osteuropäischen Ländern jetzt lange genug belabert worden. Im Sowjetsozialismus war Solidarität ja außerdem ein Synonym für Einbahnstraße: Wir bekommen nichts und müssen solidarisch alles nach Moskau liefern. Jetzt in der Freiheit, in der EU, sollte es aber anders sein, gerne wieder eine Einbahnstraße, aber bitte schön umgekehrt: Frag nicht, was dein Land für Europa tun kann, sondern nur, was Europa für dein Land tun kann.

Wahrscheinlich versteht man auch die Angst- und Wutbürger in Sachsen und in anderen der neuen Bundesländer am besten, wenn man sie in dieser Hinsicht als Osteuropäer begreift.

Sie sind aber alle keiner autokratischen UdSSR beigetreten, sondern der nicht hierarchischen EU, in der man mitmachen und mitdenken darf … und muss. Wenn Europa funktionieren soll, dann müssen sich alle an die gemeinsamen Verabredungen halten, daran, dass in Europa die Stärke des Rechts gilt und nicht das Recht des Stärkeren. Ohne diese schöne Grundidee verliert Europa auch noch seine Seele und wird vollends müde und leer.

Die Kroaten, die hart an der Transformation ihres Landes gearbeitet haben und 2013 als bisher Letzte der Europäischen Union beigetreten sind, fühlen sich deswegen wie jemand, der erst sehr spät zu einer Party kommen konnte und sehen muss, die Ersten haben schon den Kater und verabschieden sich gerade.

Achtundzwanzig zu Eins

Es wäre klug, die 28 nationalen Erzählungen über Europa wenigstens in den wichtigsten Fragen in einer Debatte zusammenzuführen und eine gesamteuropäische Öffentlichkeit dafür herzustellen. Auch das kann man im Internet-Zeitalter versuchen: Wer in seinem Land einen intelligenten oder provokanten Europa-Text liest, kann ihn ins Englische übersetzen und teilen. Die interessantesten Diskussionsbeiträge, Meinungen, Essays und Kommentare aus 28 europäischen Ländern könnten so auf einer Webseite verfügbar gemacht werden.

Wer so etwas – am besten von außerhalb der Institutionen und unter einem pfiffigen Namen – initiiert, wird tüchtig Europa-Geld dafür bekommen können. Englisch wird die Sprache sein. Und allein das könnte den Briten deutlich machen, wie dumm und, das auch: unsolidarisch ein Brexit wäre.

Oder wie wäre es mit: Die Lügenpresse schlägt zurück? Ein transnationaler Verbund der großen europäischen Tageszeitungen könnte zusammen eine Europa-Seite bauen und sie vor ihre Kostenwände ins Netz stellen. Die *Süddeutsche Zeitung* zum Beispiel kooperiert bereits erfolgreich mit *Guardian, El Pais, La Stampa, Le Monde* und *Gazeta Wyborcza*. Eine gemeinsame Europa-Seite dieser und anderer freiheitlich und demokratisch orientierten Medien würde bedeuten: Die nationalen Diskurse können anfangen, sich aufeinander zu beziehen. Alle interessierten Europäer lesen am gleichen Tag die gleichen Beiträge. Sie bekommen so ein Gefühl für die anderen und auch dafür, was »wir« eigentlich bedeuten könnte in einem Satz wie »Wir sind Europa«.

Auf so einer Europa-Seite könnte journalistisch diskutiert werden, ob ein Europäischer Flüchtlingsbeauftragter eingesetzt werden soll und ein Konvent über die Zukunft Europas, wie man europäische Institutionen transparenter, das Europäische Parlament stärker und die Verteilung von Pflichten und Lasten gerechter machen kann. Solche Sachen.

Die Energie, die zurzeit in allen europäischen Ländern für Homestorys und unkritische Interviews mit Rechtspopulisten verbraucht wird, wäre jedenfalls sehr viel sinnvoller in so einer »Pro-Europa-Seite« investiert. Vor allem für Journalisten, die gegen die »Lügenpresse-Propaganda« kämpfen, diesen perfiden Hebel, mit dem die Populisten die antipolitische Elitenverachtung weiter aufblasen und freie, starke Medien daran hindern wollen, ihren Job zu machen, den öffentlichen Raum zu schaffen also, in dem die Gesellschaft sich über sich selbst verständigt.

Themen gibt es wirklich genug: Was ist Propaganda, was Verschwörungstheorie? Wir veröffentlichen die Beweise und Dokumente. Gibt es eine zweite Quelle? Aufgeklärte Europäer vertrauen nur Medien und Informationen, die die Quelle nennen und eine zweite Quelle haben. »Das Netz denkt« oder »Auf Facebook wurde gemeldet« ist keine zulässige Information.

Man könnte die Stars unter den Intellektuellen und Künstlern aller 28 Länder bitten, ihre Gedanken über den kosmopolitischen Imperativ zu veröffentlichen, also darüber, wie vollkommen ungeeignet Nationalstaaten sind, Politik zu gestalten. Oder: Warum sind aufgeklärte Demokratien und erst recht eine freiwillige Gemeinschaft von 28 demokratischen Ländern, die sich untereinander verständigen und miteinander Lösungen finden müssen, so viel langsamer als Ankündigungs-Diktaturen?

Europapolitik geht nicht so schnell wie Europapokal. Weil aber Medien rund um die Uhr berichten, Neuigkeiten und Ergebnisse wollen und sich dabei thematisch immer öfter aneinander orientieren, ist diese große allgemeine Ungeduld entstanden: Warum habt ihr das Flüchtlingsproblem nicht morgen gelöst?

Und natürlich müsste auf so einer Seite auch über Deutschlands Sonderrolle verhandelt werden, über das Hegemon-Paradox: Je mehr die stärkste Volkswirtschaft in der Mitte Europas die immer und immer wieder geforderte halbhegemoniale Führungsrolle übernimmt, desto weniger wird andererseits diese deutsche Führung in Europa akzeptiert. Ein deutsches Europa ist keine Lösung.

Noch ein schönes, eher politologisches Thema: Wahlarithmetik. Die Gleichung davon, wie die Populisten in den europäischen Parlamenten die etablierten Rechts- und Linksparteien rein rechnerisch gezwungen haben, immer wieder Koalitionen zu bilden, was Eindeutigkeit und Energie aus den jeweiligen Programmen und Personen gezogen hat. Und genau das macht es den Populisten wiederum umso leichter, die Regierungsparteien als geschlossene Elite zu diffamieren.

Oder auch: warum Ungarn heute gar nicht mehr Mitglied der EU werden könnte, Polen kaum noch. Amerika übrigens auch nicht, wir nehmen im aufgeklärten Europa niemanden, der foltert und die Todesstrafe vollstreckt. Wir sollten auch jeden rausschmeißen, der damit anfängt.

Kritische Vernunft

Eine Bürgerbewegung für Europa sein heißt aber natürlich nicht, blind und bedingungslos einfach dafür zu sein und alles zu verteidigen oder zu verklären. Ganz im Gegenteil. Europa kritisieren gehört dazu. Was geschieht jetzt und sofort gegen die verheerende Jugendarbeitslosigkeit in einigen europäischen Ländern? In Griechenland haben 48,9 Prozent der jungen Menschen keinen Job. Müssen immer die starken Geberländer ansagen, wo es langgeht? Braucht die Euro-Zone zwei Geschwindigkeiten? Brauchen wir ein Eurozonen-Parlament, das den europäischen Haushalt kontrolliert? Eine gesamteuropäische Arbeitslosenversicherung? Wie wird das demokratisch kontrolliert? Muss Griechenland solidarisch entschuldet werden? Warum wird bei Grexit oder Brexit zuerst gefragt, wie sich das Kapital verhalten würde, und nicht, was das für das Leben der Betroffenen bedeutet?

Europapolitik muss 28 Ländern nützen, nicht nur den großen Starken. Geben und Nehmen muss gerecht austariert sein. Die annähernd faire Verteilung der geflüchteten Menschen muss natürlich auch dazugehören. Freiwillig. Nicht das Erpressungspotential des Klubs der Nettozahler, sondern Solidarität ist die Kraftquelle Europas.

Die Kommission als Hüterin der Verträge muss an ihre Pflicht erinnert werden, auf der Umsetzung gemeinsamer Beschlüsse zu bestehen und Verletzungen des gemeinsamen Rechts zu ahnden, selbstbewusst, entschieden und hart, auch in Ungarn und in Polen. Und natürlich braucht das Europäische Parlament mehr Macht.

Am gescheitesten wäre, sich beim Kritisieren nicht gegenseitig Vorhaltungen zu machen, sondern jeweils bei sich selber anzufangen. Also, bitte: Die deutsche Regierung war die erste, die den Stabilitätspakt aufgeweicht hat. Dann ist Deutschland in diese halbhegemoniale Stellung hineingerutscht, hat den anderen seinen Willen aufgezwungen und sie vor vollendete Tatsachen gestellt, beim Atomausstieg, mit der Nord Stream Pipeline und in der Flüchtlingskrise. Wahrscheinlich hat die deutsche Regierung die über das Mittelmeer Geflüchteten zu lange wie selbstverständlich als Problem der Griechen und Italiener betrachtet. Solidarität erst wieder zu entdecken, wenn man sie selber dringend braucht, geht auch nicht.

Krisenzeiten sind Erkenntniszeiten, in denen sich die meisten Fehler selbst offenbaren. Vielleicht sind es ja gar nicht die nationalen Gesellschaften, die die Grundprinzipien Europas vergessen haben. Vielleicht sind es die Institutionen der EU selbst und die Regierungen der europäischen Länder, die zu offensichtlich damit hinterherhinken, diese Grundprinzipien in politische Handlung umzusetzen.

Auf die Straße

Wenn alles nicht hilft, wenn antieuropäische Parteien schon an die Macht gekommen sind, wenn sie anfangen, Pressefreiheit, unabhängige Justiz und Gewaltenteilung abzuschaffen, kann es sein, dass die bisher schweigende Mehrheit sogar auf die Straße gehen, Flashmobs und Demonstrationen organisieren muss. Die Polen zeigen gerade, wie es gehen könnte. Hier sammeln sich Polens politische Bürger ohne Aufruf von Parteien oder Verbänden zu Demonstrationen für die Gewaltenteilung und gegen den Versuch, die Medien in staatliche PR-Agenturen zu verwandeln. Polens Mut-Bürger werden – zusammen mit der hier vorbildlich agierenden europäischen Kommission interessanterweise – im besten Fall verhindern, dass die neue Regierung ihr antidemokratisches Programm im Eiltempo durchpeitschen kann, für das sie gar kein Mandat von der Mehrheit der Bevölkerung hat.

Und wenn Polens Nationalpopulisten dann an den polnischen Europäern scheitern, wäre bewiesen, dass es in Europa und wegen Europa nicht mehr ganz so einfach möglich ist, Demokratien mit nationalpopulistischen Durchmärschen zu kapern und in Autokratien oder Diktaturen zu verwandeln.

Partei gründen?

Wahrscheinlich ruft spätestens an dieser Stelle einer der Freunde unter der pazifikzentrierten Weltkarte: Partei gründen! Man müsste eine Partei gründen, die europaweite Pro-Europa-Partei, mit einem einheitlichen europäischen Programm und einem Namen in allen Ländern. *Pro Europa* wäre, wie einst die Grünen, so lange eine klassische Ein-Programmpunkt-Partei, bis andere Parteien Europa wieder ernsthaft, solidarisch und leidenschaftlich auf ihrer Agenda haben.

Spielen wir das doch mal durch: Eine europäische Bürgerbewegung müsste, wenn sie tatsächlich Partei werden wollte, ein Programm schreiben und Kandidaten aufstellen, lokal, regional, national und für das Europaparlament. Die Gründung einer Partei geht, wie man bei der Piratenpartei und der AfD sehen konnte, heute tatsächlich sehr viel einfacher als früher, das funktioniert wahrscheinlich sogar europaweit.

Wie man allerdings bei der Piratenpartei und der AfD auch sehen konnte, ziehen neue Parteien oft etwas seltsame Zeitgenossen an, Menschen, die in anderen Parteien vielleicht schon Ärger und Misserfolg hatten, oder im Leben, weswegen sie vor allem politische Posten wollen.

Ein starkes Gegenargument gegen die Gründung einer neuen europaweiten, transnationalen Partei ist die Tatsache, dass es solche Parteien schon gibt. Dass die meisten Europäer davon nichts wissen, ist ein noch viel stärkeres Gegenargument. Es gibt die PEP, die *Proeuropäische Partei*, die 2014 in Deutschland gegründet wurde. Es gibt die in den Niederlanden gegründeten *Newropeans*, die 2009 in Deutschland 0,1 Prozent und in den Niederlanden 0,44 Prozent der Stimmen bekamen. Es gibt die *Europäische Föderalistische Partei* (EFP). Und es gibt andere. Auch Yanis Varoufakis' *Democracy in Europe Movement 2025* (DiEM25) ist ja möglicherweise doch mehr als eine linkspopulistische Post-Syriza-Show.

Die interessante Grundidee von transnationalen, europäischen Parteien hat ohnehin einen großen Rückschlag erlitten, als der Vorschlag des britischen EP-Abgeordneten Andrew Duff, für die Europawahlen 2014 europaweite Wahllisten möglich zu machen, verschoben und an den Verfassungsausschuss verwiesen wurde.

Das dauert also alles viel zu lange. Vielleicht muss man so etwas später machen. Jetzt ist erst mal wichtig, dass es Europa später überhaupt noch gibt.

Der Anfang

Wenn der Eisberg schon klar und kalt zu sehen ist, sollte man als Passagier auf der Titanic nicht gerade anfangen, noch einmal zu diskutieren, ob es Austern für alle gibt zum Mitternachtsdinner. Weil es jetzt nur darum geht, den Leuten auf der Kommandobrücke wirklich scharf zu sagen: Tut was! Rückwärtsgang! Ausweichmanöver! Sofort! Sofort! Verhindert den Untergang! Und später unterhalten wir uns dann wieder darüber, wie die Reise weitergeht und wohin überhaupt.

Ja, klar war es ein Fehler, eine Währungsunion vor der politischen Union zu machen. Die EU leidet auch heftig unter dem vielbeschriebenen Demokratiedefizit. Eines Tages brauchen wir die vollständige politische Union, solidarisch konsolidiert zu einer Wirtschafts- und Sozialunion mit einer europäischen Wirtschaftsregierung und einer EU-Außenpolitik. Das ist jetzt alles hundertmal gesagt, und hundertmal haben alle dazu mit den Köpfen genickt. Berge von Papieren mit Vorschlägen, wie es weitergehen könnte, kursieren in allen Europa-Zirkeln. Sie sind für die Mülltonne oder für Historiker, die später das

Scheitern bebrüten, wenn nicht jetzt sofort etwas passiert.

Wenn wir Pech haben, bewältigen die amtierenden Politiker mit ihren postpolitischen und von nationalen Wahlkampfzwängen geprägten Handlungsmustern die zunehmende Komplexität der neuen Weltunordnung und die sicherheitspolitischen Bedrohungen tatsächlich nicht. Das würde dann wirklich überall die nationalen Vereinfacher und Allesversprecher an die Macht bringen. Vielleicht hat die jetzige Politikergeneration in Europa deswegen vor allem nur die eine Aufgabe: die Europäische Union zusammenzuhalten.

Weil das als politisches Ziel bescheidener klingt, als es ist, und wenig attraktiv, darf man das durchaus befeuern mit dem Nachdenken über Parteien und Reformen, mit guten Ideen und Visionen dafür, wie man die Krise zum Ausgangspunkt zur nächsten Etappe in der europäischen Integrationsgeschichte machen könnte. Ulrike Guérot, die Gründerin und Direktorin des European Democracy Lab, hat gerade in einem tollen Buch die gute, alte Idee eines von Nationalismen sogar institutionell ganz befreiten Europa der Regionen neu durchdacht und belebt. Brendan Simms und Benjamin Zeeb haben ein leuchtendes Plädoyer geschrieben für die Vereinigten Staaten von Europa, die wir eines Tages hoffentlich wirklich sein werden.

Wer aber Visionen hat, muss, nein, eben nicht zum Arzt gehen, aber jetzt erst einmal alles tun, damit Europa nicht untergeht, damit wenigstens der Status quo der Europäischen Union bleibt, auf dem dann hoffentlich bald weiter aufgebaut werden kann. Die Europa begründenden Werte der Aufklärung, Menschenrechte, Gewaltenteilung, Pressefreiheit, Rechtsstaat und Minderheitenschutz sind erst 200 Jahre alt, das ist nur ein Moment der Geschichte. Sie sind in Gefahr, obwohl sie so notwendig und so attraktiv sind wie nie: solange Diktaturen Wahlen abhalten oder jedenfalls so tun als ob; solange die alten und neuen autokratischen Führer, wenn sie Gewaltenteilung, Meinungs- und Pressefreiheit abgeschafft haben, enorm zickig reagieren, wenn man diese Tatsache ausspricht; solange Menschenrechtsbewegungen in so vielen Ländern dieser Welt aktiv und stark sind.

Europa ist bisher immer durch Krisen und durch Druck und nicht durch Papier oder gute Überzeugungen gewachsen. Dieses Mal wird es der Druck der proeuropäischen Bürger sein müssen, der bisher schweigenden Mehrheit, die den Leuten auf der Kommandobrücke sagen muss:

Gebt Europa nicht auf! Wir wollen das nicht! Ihr müsst die Europäische Union nicht weiterentwickeln, wenn ihr das jetzt nicht schafft. Aber lasst nicht zu, dass Vernunft durch Angst ersetzt wird, die Ideale der Aufklärung durch Rassismus, Nationalismus und Volksverdummung. Wenn die Reaktion der Angsthasen, Selbstaufgeber und Nichtzuendedenker auf die neue Weltunordnung Neonationalismus und Führersehnsucht ist, dann braucht es die Gegenreaktion: Europa. Jetzt! Wir sind die Mehrheit! Wir sind Europa!

Die Entscheidung fällt bis zum Sommer. Reißt die Menschen aus ihrem Alltagstrott, die Politiker aus ihren sogenannten Sachzwängen. Wann, wenn nicht jetzt, wer, wenn nicht wir? Wer jetzt nicht aktiv wird, darf sich nachher auch nicht beschweren. Wir sind diejenigen, auf die wir nachher vergeblich gewartet haben.

Ist das nicht auch alles etwas naiv? – Natürlich. In der Naivität liegt die Kraft. Wirklich naiv wäre, gar nichts zu tun. Steht also auf, wenn ihr Europäer seid! Macht unmissverständlich klar: Wir wollen das liberale, soziale, solidarische, aufgeklärte und menschliche Europa. Wir wollen Rechtsstaatlichkeit und Gewaltenteilung, soziale Marktwirtschaft, die diesen Namen verdient, Minderheiten-Rechte und Pressefreiheit. Bangemachen gilt nicht. Angst ist kein geeignetes Instrument, die Zukunft zu gestalten.

Habt Mut, euch eures Verstandes zu bedienen. Europäer aller Länder, vereinigt euch!

Anhang

Quellen

Berg, Carsten/Kampfer, Georg Kristian (Hrsg), *Verfassung für Europa*, Bielefeld 2004

Clark, Christopher, »Echoes of 1914: Are Today's Conflicts a Case of History Repeating Itself?«, in: *Guardian*, 14. Januar 2014

Edwards, Giles/Isaby, Jonathan, *Boris v. Ken: How Boris Johnson Won London*, London 2008

Fukuyama, Francis, *Das Ende der Geschichte*, München 1992

Guérot, Ulrike, *Warum Europa eine Republik werden muss! Eine politische Utopie*, Bonn 2016

Habermas, Jürgen, »Europa wird direkt ins Herz getroffen«, in: *Frankfurter Allgemeine Zeitung*, 29. Mai 2014

Kant, Immanuel, »Beantwortung der Frage: Was ist Aufklärung?«, in: *Berlinische Monatsschrift*, 1784, 2, S. 481–494.

—, »Idee zu einer allgemeinen Geschichte in weltbürgerlicher Absicht«, in: *Berlinische Monatsschrift*, 1784, S. 385–411.

Kas, Annemarie/Outeren, Emilie van, »2.600.000 x TEGEN En nu?«, in: *nrc.next*, 7. April 2016

Le Pen, Marine, »Achtung Frau Merkel«, Interview mit Mathieu Rohr, in: *Spiegel* Nr. 23/2014

Mainka, Jan, »Premier Orbán: ›Die Ungarn wollen kein Chaos‹« in: *Budapester Zeitung*, 15. September 2015

Melzer, Ralf, »Europa und seine Feinde von rechts«, in: *Frankfurter Hefte*, Heft 11, 2015

Merkel, Angela, in: *Anne Will* vom 28.02.2016. »Meine verdammte Pflicht und Schuldigkeit besteht darin, dass Europa einen gemeinsamen Weg findet.«

Scheuermann, Christoph, »Das Projekt Angst«, in: *Spiegel* Nr. 9/2016, S. 90 f.

Simms, Brendan/Zeeb, Benjamin, *Europa am Abgrund. Plädoyer für die Vereinigten Staaten von Europa*, München 2016

Stanton, Brandon, An *Open Letter to Donald Trump*. Verfügbar unter: https://twitter.com/humansofny, Eintrag vom 14. März 2016

The Young European Collective, *Who If Not Us?*, 2015. Verfügbar unter: www.stiftung-mercator.de/de/publikation/who-if-not-us

Statistiken

S. 25: BAT Stiftung für Zukunftsfragen, »Stellt das zusammenwach-
sende Europa Ihrer Meinung nach eine große Zukunftschance dar?«,
©Statista 2015. Verfügbar unter: de.statista.com/statistik/daten/stu-
die/201778/umfrage/meinung-zum-zusammenwachsenden-europa-
als-zukunftschance

S. 25: Bertelsmann Stiftung, »Ja zu Europa, Euro und mehr Integration«,
Pressemeldung vom 21.10.2015. Verfügbar unter: www.bertelsmann-
stiftung.de/de/presse/pressemitteilungen/pressemitteilung/pid/
ja-zu-europa-euro-und-mehr-integration

S. 39: Eurostat, »Europäische Union: Jugendarbeitslosenquoten in den
Mitgliedsstaaten im Februar 2016«, ©Statista 2016. Verfügbar unter:
de.statista.com/statistik/daten/studie/74795/umfrage/jugendar-
beitslosigkeit-in-europa

S. 42: Ministerie van Binnenlandse Zaken en Koninkrijksrelaties, »Uits-
lag verkiezing van de leden van het Europees Parlement van 4 juni
2009«. Verfügbar unter: www.rijksoverheid.nl/documenten/rappor-
ten/2009/06/12/uitslag-verkiezing-van-de-leden-van-het-europees-
parlement-van-4-juni-2009
Statistisches Bundesamt, Der Bundeswahlleiter, »Endgültiges Ergeb-
nis der Europawahl 2009«. Verfügbar unter: www.bundeswahlleiter.
de/de/europawahlen/EU_BUND_09/ergebnisse/bundesergebnisse

Proeuropäische Initiativen und Parteien

www.diem25.org (Democracy in Europe Movement 2025, DiEM25)
www.europeanmovement.eu (European Movement International, EMI)
www.federalists.eu/de (Union Europäischer Föderalisten, UEF)
www.herrundspeer.de (Herr & Speer)
www.instituteofeurope.eu (Institute of Europe)
www.jef.de (Junge Europäische Föderalisten, JEF)
www.pleasedontgouk.com (#hugabrit)
www.richardcorbett.org.uk (Richard Corbett)
www.spinelligroup.eu (Spinelli-Gruppe)
www.wemove.eu/de (WeMove Europe – Wir bewegen Europa)
www.whoifnotus.eu (The Young European Collective)

www.federalistparty.eu (Europäische Föderalistische Partei, EFP)
www.newropeans.eu (Newropeans)
www.pepvorstand.wordpress.com (Proeuropäische Partei, PEP)